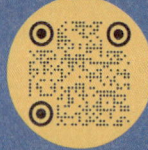

QR 코드로 이미지 다운로드하는 방법
1. 휴대폰에 QR 코드 스캔에서 QR 인식 후 링크 터치
2. 원하는 이미지를 꾹 눌러 다운로드
3. 갤러리에 저장된 이미지를 잠금화면이나 홈 화면으로 사용

이재명과 365일

이재명과 365일

초판 1쇄 발행 2025년 05월 15일
저자 | 맘껏
발행처 | 와우라이프
발행인 | 임창섭
주소 | 경기도 파주시 송화로 13 (아동동)
전화 | 010-3013-4997
팩스 | 031-941-0876
등록번호 | 제406-2009-000095호
등록일자 | 2009년 12월 8일

ⓒ맘껏, 2025

ISBN 979-11-87847-19-9 (03300)

· 이 책은 저작권법에 의해 보호를 받는 저작물로 무단 전재나 복제를 금지하며,
· 이 책 내용의 전부 또는 일부를 이용하려면 반드시 저작권자나 발행인의 서면동의를 받아야 합니다.
· 파본 및 낙장은 구입하신 서점에서 교환하여 드립니다.

이재명과 365일

사진과 일러스트로
하루하루를 담다

맘껏 지음

와우라이프

작가의 말

2년 전 출간하였던 『나의 소중한 밍밍 잼칠라 이장님』의 마지막 그림입니다. 그림과 함께 썼던 글을 읽어 보았습니다. 2년이 지난 지금은 주말이 아닌 평일까지도 여전히 집회에 나가고 있고 댓글을 달고 있네요.

참 많은 일이 있었습니다.
10.29, 핵 오염수 투기, 대표님의 단식, 채상병의 죽음, 대표님 살해 시도, 그리고 계엄까지…. 이뿐만 아니라 챕터마다 책갈피처럼 껴 있는 일들이 얼마나 많았던가요. 하지만 또랑한 눈으로 세상을 바라보며 선물 목록을 적듯, 재명이와 민주당과의 일들을 기록해 놓았습니다. 하루하루가 '희망'이라는 선물이니까요. 그리고 그 하루의 맨 앞엔 '이재명'이라는 동지가 있으니까요.

평범한 일상은 이제 바람이 되어가고 나른한 낮잠마저 사치가 되어버린 어느 날 오후, 따스한 봄 햇살에 감사함을 느끼며 이 글을 씁니다.

추천사

이 책은 민주당 지지자의 소중한 마음의 기록이자, 이재명 대표와 민주당이 국민과 함께 즐거워하고 울었던 기록이기도 합니다. 든든한 버팀목인 동지는 앞으로 나아갈 수 있게 힘을 주고, 그 힘을 바탕으로 이재명 대표와 민주당은 첫 마음 그대로 언제나 국민 곁에 서 있겠나는 약속을 잊지 않을 것입니다.

- 박찬대 원내대표

『이재명과 365일』은 '나의 소중한 밍밍 챔칠라 이장님'을 쓴 맘껏 작가가 이재명 대표의 지난 2년을 기록한 책입니다. 이재명의 숨결 하나라도 놓치지 않으려는 작가의 피나는 노력이 돋보이는 이 책은 검색으로는 찾을 수 없는 이재명 사랑의 본보기가 아닐까 싶습니다. 아마도 이재명 대표의 행적을 그림과 사진으로 기록한 역사책이 될 것입니다.

- 푸른나무 '새날' PD

『이재명과 365일』은 고단했던 지난 시간을 다시 돌아보는, 따뜻하고도 희망 가득한 기록입니다. 막막한 상황 속에서도 앞으로 나아갈 수 있는 용기와 위로를 건네며 정치에 대한 냉소 대신 사람 냄새 나는 정치를 꿈꾸게 합니다. 이재명 대표와 함께 걸어 온 그 험난한 길 위에서 지치고 상처받은 동지들에게 이 책이 작은 쉼표가 되어주기를 바랍니다.

- 진성준 더불어민주당 국회의원

소개합니다

민주당의 핵 카리스마 이재명 대표

밟으면 밟을수록 더 단단해지는 사람. 옳은 소리만 해대는 탓에 주변에 적이 많지만, 아랑곳하지 않는다. 정치는 민생을 챙겨야 한다는 신념으로 당을 끌어가는 카리스마형 리더.

민주당의 든든한 받침돌 박찬대 원내대표

외모에서 풍기는 귀여움과 다르게 의리파. 이재명 대표가 펼치고자 하는 길에 찰떡같은 호흡과 당이 어떠한 일에도 흔들리지 않도록 중심을 잡는다. 뚝심과 강력한 한 방이 있는 귀여운 곰.

피까지 파란 민주당 지지자 동지

한 명이기도 하고, 여럿이기도 하고, 작기도 하고, 크기도 한 울트라 파워 보유자. 동지는 노무현의 밀짚모자를 쓰고, 깨어있는 시민들의 조직된 힘을 보여준다. 밟히면 심하게 꿈틀한다.

맘 놓고 살 수 있는 세상,
우리가 만들겠습니다.

01
1월 Jan ·················

새해의 새날

재명이, 찬대곰, 달 토끼가 여러분의 행복을 기원합니다.

02

1월 Jan ....

가덕도 습격 사건

지지자인 척하며 다가온 괴한은 칼로 재명이의 목을 찔렀습니다.

온 국민이 온 마음을 모아 기도 드립니다.

무사하시길….

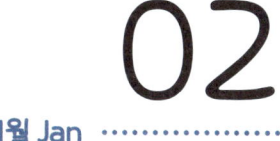

03

·········· 1월 Jan

소년공 이재명이 민주당 대표 이재명에게

'살아라, 살아남아. 그 눈을 떠'

후유증 없이 건강히 회복되기를.

04
.... 1월 Jan

재명아, 맨날 힘내라 해서 미안해

그래도 힘내야 해. 꼭!

05
.... 1월 Jan

남태령대첩

양곡관리법의 통과를 위해 이 추위를 뚫고 남쪽에서부터 농민들이 트랙터를 몰고 올라오셨어요.
남태령 진입은 경찰의 차단으로 항상 실패했었는데 우리 동지들이 얇은 비닐로 하나둘씩 방패 삼아 추위를 견디며, 농민들의 손을 잡아 준 결과 남태령을 지나갈 수 있게 되었답니다.
은박비닐을 감싸고 있는 모습이 초콜릿 키세스 같아요.

06
.... 1월 Jan

재명이가 조금씩 회복되고 있습니다

동지들이 온 마음을 다해 '호~~~' 해주고 있어요.

재명이는 우리의 동지니까요.

07
1월 Jan

찬대곰의 기도

재명이가 회복되게 해 주시고
재명이가 건강하게 해 주시고
재명이가 용기를 잃지 않게 해 주시고
재명이에게 후유증이 남지 않게 해 주시고
재명이가 더 이상 아프지 않게 해 주시고
재명이가 다치지 않게 해 주시고
재명이가 행복하게 해 주십시오.
그리하여
나의 사랑하는 국민들
나의 주인님들께서
행복한 나라에서
많이 웃으시길
기도드립니다.

08
1월 Jan

세 어르신의 다시 만난 세계

민주당에서 허위 조작뉴스를 신고할 수 있는 [민주파출소] 사이트를 만들었어요. [민주파출소]의 시연을 보고 놀란 세 어르신.

09

.... 1월 Jan

따스한 봄을 상상하며

잔혹한 겨울을 견디어 냅니다.

봄은 곧 오겠지요?

10

1월 Jan ····················

꽃길만 가라 했더니…

11

1월 Jan

소중한 주말을 집회에 투자한 당신

분명히 좋은 결과 있을 겁니다.

훌륭한 배팅이었거든요.

오늘도 수고하셨습니다.

12

················· 1월 Jan

이 시린 겨울

서로 모르는 우리.
그래도 한마음 한뜻!

13
.... 1월 Jan

무법이 난무하고 비상식이 상식을 이겨도

우리는 무너지지 않아요.

당신이라는 희망이 있으니까요.

당신을 닮은 이들이 이곳을 점점 가득 채울 테니까요.

14
·················· 1월 Jan

집회룩

꼬마 김밥룩.

날은 춥지만 맘도 몸도 따뜻하게.

15

.... **1월 Jan**

윤석열 체포

52일만에 석방

16
1월 Jan

찬대곰의 영원한 동지, 재명이

찬대 눈에서 꿀이 뚝! 뚝! 뚝!

17
.... 1월 Jan

복귀한 불사조 재명

"법으로도 죽여 보고, 펜으로도 죽여 보고,
그래도 안 되니 칼로 죽이려고 하지만,
절대 죽지 않습니다."

18

·········· 1월 Jan

당신이 올라갈 수 있도록

우리가 든든한 벽이 되어
드릴게요.

19
··············· **1월 Jan**

왕눈이 재명

누가 재명이 눈이 작다고 했나요?

이렇게 큰대.

20

1월 Jan

민주당의 새로운 캐치프레이즈

"다시 대한민국"
그래요, 힘차게 새롭게 태어납시다.

21
.... 1월 Jan

재명이를 찾아보세요

22
1월 Jan

"바쁘다, 바빠!"

두 분이 보이지 않아 망원경으로 찾아보았습니다.

내란 세력 청소에, 재판에, 경제 문제에….

산적한 과제를 처리하느라 동에 번쩍 서에 번쩍 중이시네요.

23
1월 Jan

나는 누구일까요?

나는 음악을 좋아합니다.

나는 춤을 좋아합니다.

나는 그림을 좋아합니다.

나는 자전거를 좋아합니다.

나는 민주당을 사랑합니다.

나는 국민을 사랑합니다.

나는 곰이 아닙니다.

내가 이래봬도 4050은 아닙니다.

불꽃 장갑을 가지고 있습니다.

나는 귀엽습니다.

윤호중, 국회의원.

24
1월 Jan ················

재명이가 만드는 눈부신 봄을 기다립니다

25
.... **1월 Jan**

재명이 눈사람, 찬대곰 눈사람

창작자들이 좋아하는 사람을 그리워하는 방법

26
················• 1월 Jan

재명이와 동지들

함께 손잡고 우리가 주인이 되어요.

27
········· 1월 Jan

집회는 모든 유행의 시작지

28
········· **1월 Jan**

"함께 힘을 모아 마지막 고비를 넘어갑시다"

벽을 눕히면 길이 된다는 말이 있습니다.
'포기'란 단어는 게으른 자의 피난처.
우린 '포기'라는 단어를 배추 셀 때나 써요.

29
.... 1월 Jan

재명이 꽃이 피었습니다

· 도자기 핸드페인팅

30

1월 Jan

모두 활짝 웃는 날을 그리며…

31
1월 Jan

'자장 자장 우리 곰돌이'

몇 달 전부터 붓고 충혈된 눈, 쪽잠, 대충 때우는 식사.
이건 사랑이 아니면 할 수 없는 일이죠.
'국민에 대한 사랑'
찬대곰이 편히 잘 수 있는 날이 어서 오길 바랍니다.

2월 Feb

01
.... 2월 Feb

"떡국"

이즈음이면 떡국 한 그릇 먹어줘야 하지요.
따끈한 떡국도 드시고, 나이도 맛나게 드셔요.

02
2월 Feb

이재명
18분 · 🌐

〈단결만이 답입니다〉

설을 앞둔 밤이 깊어가는 만큼
저와 우리 진영에 주어진 소명의 무게를 되새깁니다.

국민의 삶을 방기한 정권을 심판하고
민주주의, 평화, 민생, 경제를 되살려
국민께 희망과 미래를 드려야만 합니다.

소명을 다하는 일은 결코 쉽지 않습니다.
가용 가능한 자원을 모두 모아 총력을 다해야 가능한 일입니다.

계파를 가르고 출신을 따질 여유 없습니다.
친명 비명 나누는 것은 소명을 외면하는 죄악입니다.

시스템을 통해 능력, 자질이 국민의 기대치와 눈높이에 부합하느냐가 유일한 판단 기준입니다.
오직 단결하고 하나 된 힘으로 주어진 책무를 감당해야 합니다.

지금, 이 순간도 꼼꼼하게 우리 사이의 빈틈을 파고드는 이간계를 경계합니다.
친명이나 친문이야 하며 우리를 구분 짓는 행위 자체가 저들의 전략입니다.

오직 주어진 소명에 집중하겠습니다.
총력 다해 단결하고 민생 위협하는 정권에 제동을 걸겠습니다.

당원과 지지자 여러분께서도 힘을 보탤 수 있도록 함께 해주시길 당부드립니다.

03
.... **2월 Feb**

친일 잔존 세력, 내란 세력, 내란 동조세력들아!

찬대곰 발차기 맛 좀 봐라.

04
2월 Feb

안개 속의 가려진 길을 뚫고

한 발 한 발 나아가는 우리 동지들.

우리가 길을 만들고 있습니다.

우리가 희망입니다.

05
2월 Feb

모두 활짝 웃는 날을 그리며…

그림 속에서는 해가 보이지 않지만
우린 해를 느낄 수 있어요.
희망도 보이지 않지만, 우린 희망을 느낄 수 있지요.

06
·········· 2월 Feb

거인의 어깨 위에서

재명이의 거대한 어깨 위에서 무엇이 두렵겠어요?

07

2월 Feb ················

21대 최고 위원들

수고 많으셨습니다.

08

2월 Feb

서로 싸우다가도

외계인이 나타나면 함께 힘 모아 물리치는 법입니다.

09
2월 Feb

내란은 여전히 진화되지 않았고,

특검 하나 이뤄진 게 없는 시기에 당 대표를 흔들며

분열을 유도할 필요는 없습니다.

급한 불 먼저 꺼야죠.

10

.... **2월 Feb**

아가들이 왜 귀여운 줄 아세요?

귀여워야 보살핌을 받는 데 유리해서라고 합니다.
생존을 위한 거죠.
오늘은 귀여움 풀파워의 날입니다.

11

.... 2월 Feb

총선을 위한
결기를 다지며…

12
·················· **2월 Feb**

어둠 속으로 들어서는 용기
그건 바로 당신을 위한 사랑

13
2월 Feb

긴 시간 재명이를 지켜보았습니다

그리고 전 결정했어요.

그를 믿고 따르기로.

14
2월 Feb ················

안중근 장군 사형 선고일

오늘은 안중근 장군의 사형 선고일입니다.

사형이 선고되자 안중근 장군은 웃으며

사형 외 또 받아야 할 형벌은 없냐고 물으셨다 합니다.

큰 인물을 잃은 것은 민족의 슬픔이지만,

뜻을 이루셨으니 박수쳐 드리고 싶었습니다.

장군님. 당신이 있어 대한민국이 있습니다.

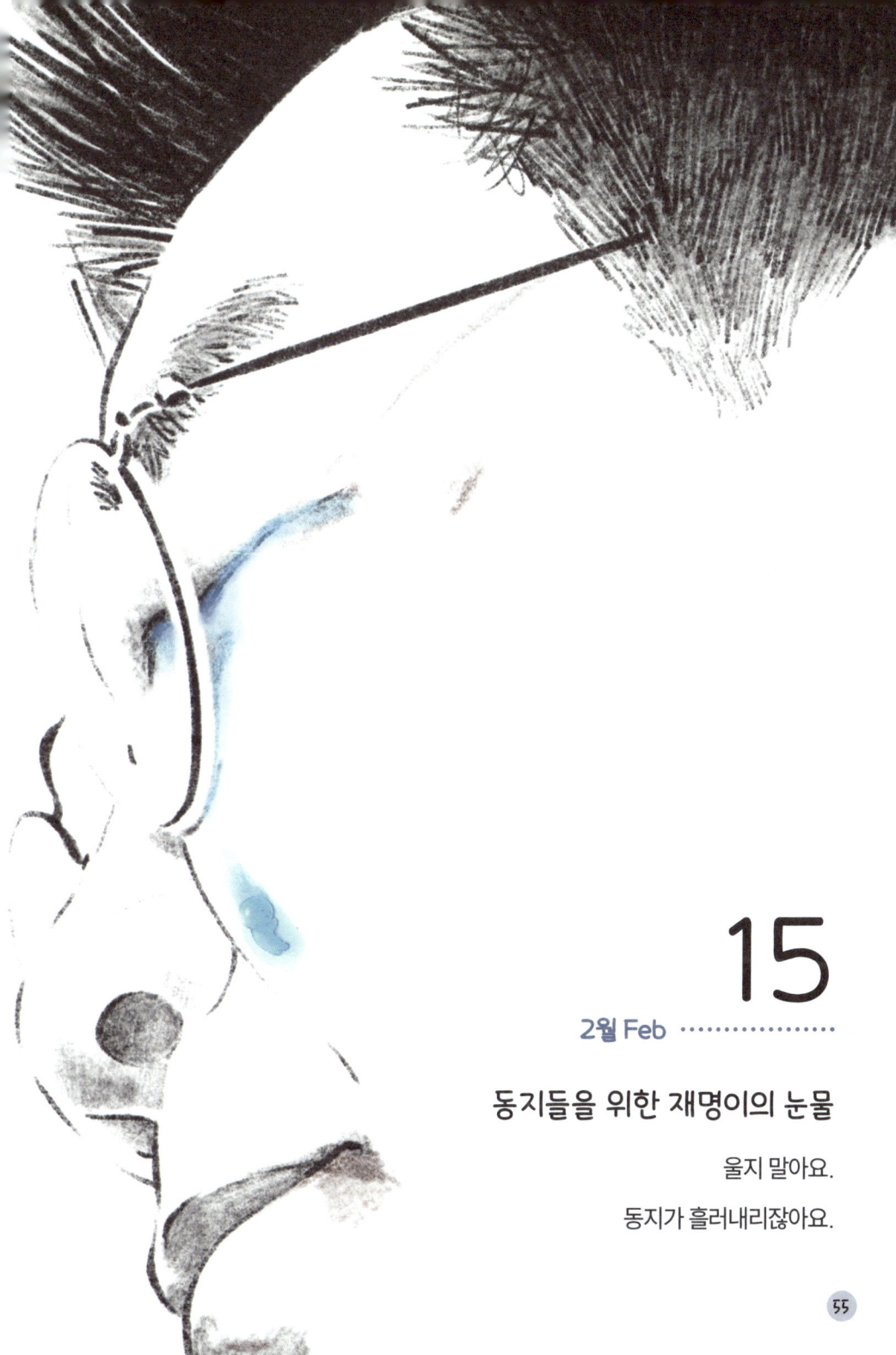

15

2월 Feb

동지들을 위한 재명이의 눈물

울지 말아요.
동지가 흘러내리잖아요.

16
.... **2월 Feb**

즐거울 때 웃지만

웃으면 즐거워지기도 한다죠.
우리 오늘은 많이 웃어요.

17
.... 2월 Feb

가슴이 답답한 하루 끝엔

밖에 나가 하늘을 보아요.
밝은 달이 탈출구 같아 보여요.
이런 게 희망일까요?

18

·············· 2월 Feb

오늘도 길 위에서

생즉사 사즉생.
죽기 아니면 살기.
우리가 이기길 바라고 또 바랍니다.

19
.... 2월 Feb

100분 토론에 나온 재명

많은 일을 겪으며 더 단단해지고, 더 여유로워지고, 더 단정해지고,
소신은 원래부터 명확했고….
어디에 내놔도 자랑스럽습니다.

20
.... 2월 Feb

손!

2월 Feb

21

재명이가 이야기한 중도 보수

네, 중도 보수하고 삽니다.

언제까지 고장 난 거 모른 척하고 사나요.

크게 도약하려면 제대로 보수하고 살아야죠.

22
2월 Feb

힘들 땐 나에게 기대

우리에겐 푸근푸근한 찬대곰이 있어요.

23

········· **2월 Feb**

숲속의 잔치

24
2월 Feb

삼프로 티비에 나온 재명이

똑똑함이 줄~줄~ 흐릅니다.

경제에 해박한 리더.

기대되지요?

25

······· 2월 Feb

세상이 나아지려면 더 많은 질문이 필요합니다.

26
2월 Feb

직장인 식대 현실화를 위한 정책 협약식

이런 자상하고 배려 넘치는 정책 좋아요.

직장에서 좋은 품질의 식사가 나오면 무조건 힐링이죠.

잘 먹어야 일도 잘합니다.

27
.... **2월 Feb**

우리는 무슨 사이?

함께 비 맞는 사이, 바로 동지

28
.... **2월 Feb**

"봄은 반드시 온다"

재명이 말처럼 봄은 반드시 때맞춰 올 것입니다.

그 따스한 햇살을,

그 부드러운 바람을,

그 빛나는 생명을 기다립니다.

3월 Mar

01
.... 3월 Mar

여러 해 동안 집회에 나가고 계엄까지 겪으며

우리의 역사가 더 가깝게 느껴졌습니다.

나라를 지켰던 그들.

그분들은 어떤 마음이었을까 생각해 보는 하루이길 바라요.

02
.... 3월 Mar

다시 시작하는 날입니다

꽃길 만들기를 시작하는 날이지요.

자~ 만들어 볼까요?

흙을 잘 다지고, 씨앗을 뿌리고, 햇볕을 비추고, 물도 잊지 말고.

폭풍도 함께 이겨내고, 큰비도 함께 이겨내고, 차가운 바람도 함께 이겨내면 예쁜 꽃들이 피어요.

그런 예쁜 꽃밭을 만들어 꽃길만 걷길….

03
.... 3월 Mar

삼겹살 데이

삼겹살은 어떻게 먹어야 맛날까요?
상추에 싸서? 김치에 싸서? 마늘이랑?
물론 다 맛나지만, 다 함께 먹으면 최고로 맛있답니다.

04
3월 Mar

05
3월 Mar

4050 특별위원회 발대식이 있었습니다

군사정권을 지나고 계엄을 두 번 겪고, IMF도 겪고,
보수정권 때마다 길거리로 나온 4050세대들.
민주화의 고된 길을 함께 걸어 온 동지들.
챙겨 주셔서 고맙습니다.

06
········· 3월 Mar

북극항로 개척

정말 다시 일어설 수 있을까?
어디서부터 손을 대야 할지 모를 경제입니다.
하지만 결국 방법을 찾아내셨군요.

07
·················· 3월 Mar

같은 길을 달려오며

보폭도 안 맞고, 체력도 달라 다투기도 하였지만
여기까지 용케도 다 같이 왔습니다.

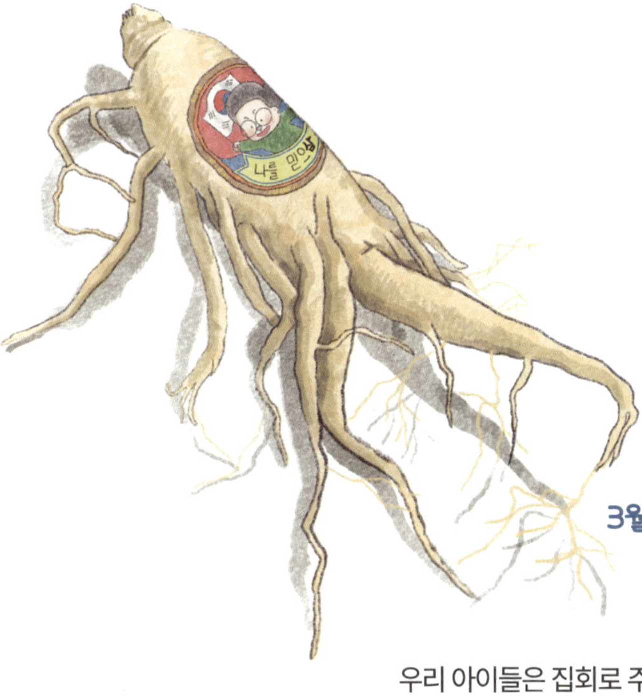

08

3월 Mar ....

나의 노후에는

우리 아이들은 집회로 주말을 보내지 않았으면….

이 단순한 바람을 간절히 바라는 하루

09

3월 Mar

광화: 빛을 널리 비춘다

우리 여기 모여 빛의 혁명을 이루었습니다.

10
.... 3월 Mar

새벽이 오기 전이 가장 어두워

11
················· **3월 Mar**

이동 중에도 아플 때도

언제나 소통하는 재명이.
작은 손가락 하나로 세상을
바꿀 수 있습니다.

12
.... 3월 Mar

13
3월 Mar

둥!둥!둥!

새날이 다가오고 있습니다.

가슴이 뛰네요.

14
.... 3월 Mar

국회에서 광화문까지 걷기 3일 차

국회의원들은 매일 매일 걷고,

단식하고 삭발을 합니다.

간절한 마음들을 한 톨도 남기지 않고 박박 긁어모으고 있습니다.

15
.... 3월 Mar

서로를 업어주고

서로에게 힘을 북돋우며

새로운 대한민국을 만들고 있는 중입니다.

16

3월 Mar

어둠 속에서도 빛나던 우리

우리가 빛이에요.

17

.... **3월 Mar**

달나라도 가는 이 시대에

방탄유리로 된 이런 거 정도는 만들 수 있는 거 아닙니까?

이런 생각까지 해야 하는 우리.

안타깝고 화가 납니다.

18
.... 3월 Mar

블루 블루 블루

우리의 마음은 블루~

19
3월 Mar

광화문에서의 장외 최고위원회의

늦어지는 헌재의 판결 압박을 위해 밖으로 나왔습니다.

협박을 받고 계시는 대표님은 방검복을 착용하고 나오셨네요.

우리가 사는 대한민국의 현주소입니다.

20
3월 Mar

올 봄엔 꽃놀이를 맘껏 즐겨요

우리는 자격 있습니다.

21
3월 Mar ················

명태균 특검 받아라! 얍!

22
.... 3월 Mar

여전히 산적한 과제가 있지만

한결 가벼워진 마음으로 나비처럼 날아 벌처럼 쏘아요.

23
.... 3월 Mar

남편의 갖은 고초를 보며

아내는 얼마나 힘들었을까요.
잘 버텨 주셔서 감사합니다.

대신 비 맞아 드리고 싶습니다

동지들 믿고 앞으로 앞으로 나아가세요.

25
.... 3월 Mar

끝내 이기리라!

26
·············· **3월 Mar**

잡은 손 놓치지 말아요

더 더 꽉 잡아 주세요.

27
3월 Mar

혼자가 아니에요

당신 뒤에는 대한민국이 있어요.

우리가 있습니다.

28
.... 3월 Mar

길동무

29
3월 Mar

목에 남은 칼자국

지워지지 않을 상처가 있지만
언제나 희망을 보아요.

30

3월 Mar

띵동~ 민주시민들에게 꽃 배달 왔어요

31
.... 3월 Mar

부릉부릉~

파란 나라로 가려고 합니다.

어서 타셔요.

01
·················· 4월 Apr

독자분이

필자의 첫 책 『나의 소중한 밍밍 잼칠라 이장님』에 사인을 받으셨대요. 거짓말 같은 일이 일어난 거죠. 정말 영광입니다.

02
.... 4월 Apr

재명이가 보고 싶은 날

03
.... 4월 Apr

기억합시다

아픈 역사가 또 다시 일어나지 않도록.

04

4월 Apr

441122

빛으로 민주주의를 꽃 피우다.

05
.... 4월 Apr

나무 심는 날

민주 씨앗도 심어 볼까요?

06
.... 4월 Apr

우린 자랑스런 이재명 지지자입니다

어깨 펴고 고개 바짝 드세요.

지난 계양 보궐선거 때 필자가 만든 포스터

재명이 해 낸 것 보세요.

빠져들지요?

08

····· 4월 Apr

보수세가 강해서 아무도 도전하지 않는 연수갑

돌진하는 찬대곰 다리에 쥐가 나던 날들.
오늘은 좀 쉴까요?

09
.... 4월 Apr

벚꽃이 눈처럼 내리는 날,

올 봄엔 벚꽃을 맘껏 즐겼으면 합니다.

10
4월 Apr

총선 대 승리의 날 E&I

Mbti가 I인 재명이는 무표정

E인 찬대곰은 엉엉

4월 Apr ·················

힘들면 내 손 잡아!

내가 너의 힘이 되어 줄게.

12

4월 Apr ················

대표의 품격

13

········· 4월 Apr

Chanstagram @Parkchandae

다시 한번 주어진 4년의 기회.

낮은 자세로 더 열심히 일하겠습니다.

선대위와 자원봉사자 그리고 지지자 여러분이 주신 사랑과 지지 잊지 않고,

민생 위기 극복과 중단없는 연수 발전을 위해 쉼 없이 뛰겠습니다.

맑고 깨끗한 마음으로 의정활동에 임할 수 있도록 더 노력하겠습니다.

감사합니다.

14
4월 Apr ················

반사 법칙

웃음이 오면 웃음이 가고
좋은 말이 오면 좋은 말이 갑니다.

15
.... 4월 Apr

검찰은 해체가 답이라고 생각합니다

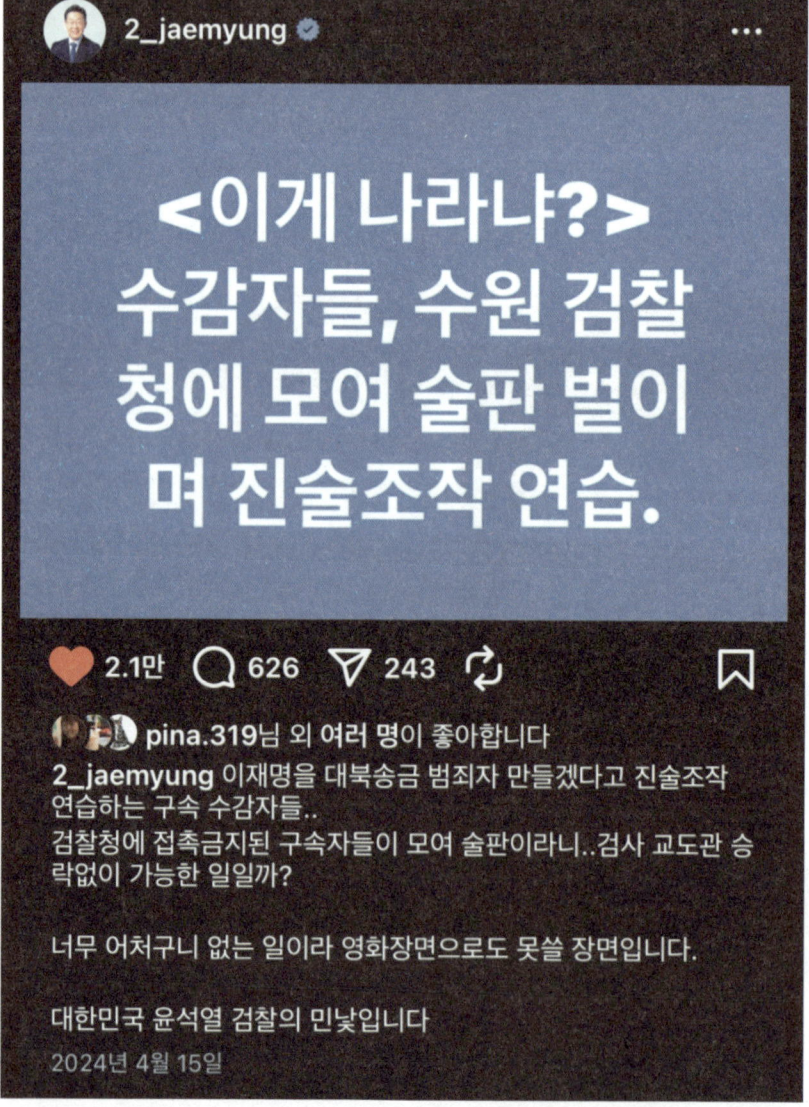

16

4월 Apr ················

어떻게 잊을 수 있을까요

꽃같은 아이들이 바닷속으로 스러지던 날을….

17
………………… 4월 Apr

최고 위원 회의

일하는 게 신나는 사람들

18

.... 4월 Apr

까마득하지만 국방부장관이

해외로 도피하려는 사건도 있었죠.

19

4월 Apr

재명이가 당대표 되고 나서 일어난 일

당원을 위한 배려가 많아졌어요.
당원 존에서 방송이라니! 정치가 우리 가까이 쑥 들어온 느낌.

20

4월 Apr

어둠 속에서도 두려울 것 없어요

우린 손을 잡고 있고,

우리의 발자욱은 길이 될 테니까요.

21
.... 4월 Apr

재판재판재판재판재판

총 5개의 재판.

압수수색 376회.

재명이는 명백한 사법 피해자입니다.

22
.... 4월 Apr

"함께 하는 세상"

'누룽지 삼계탕'

참 잘머….

23
.... 4월 Apr

총선

우리 장군들을 응원했던 기억과 기록들

24
.... 4월 Apr

총선 초집중!

당대표로서 후보들 지원 유세하느라 몸이 백 개라도 부족해요.

25
.... 4월 Apr

"돈보다 생명이 중시되는 사회를 만들겠다"

- 이재명

민주주의의 도도한 강물

그 강물이 비가 되어 흐르면
그 비를 맞고 또다시 민주주의를 향해 흐르는 우리.

26
4월 Apr

27
.... 4월 Apr

마음 가득 담은 두 손에

재명이가 입장했습니다.

28

.... 4월 Apr

뒤 바뀐 E & I

살다보면 이럴 때도 있지요.

29
.... 4월 Apr

처음이자 마지막 영수회담

"불편한 얘기 좀 하겠습니다."
가슴에서 부시럭 꺼낸 종이로 15분을 읽으셨죠.
역시 이재명!
빵은 역시 선빵이 최고죠.

30
4월 Apr ··················

산을 넘고 또 산을 넘어

우리는 바다를 향해 가고 있지.

5월 May

01
5월 May

"질문 있습니다"

질문은 단순한 지식습득의 방법뿐만 아니라
민주사회의 일원으로서 적극적으로 참여할 방법이기도 합니다.

02
.... 5월 May

모두의 바람을 모아 모아…

03

········· 5월 May

재명이의 지역구 인천!

인천 지역을 지키고 발전시킬 국회의원분들입니다.

04

5월 May ··················

닮아 가는 두 사람

05

········· **5월 May**

우리의 미래

우리의 꿈. 우리의 힘!

06

5월 May ....

만만찮은 길을 함께 걸어온 그와 그녀

사랑합니다.

07

··············· **5월 May**

아름다운 5월

그리고 우리!

09
················· 5월 May

민주당은

후쿠시마 핵 오염수를 막기 위해
끈질긴 노력을 기울이고 있습니다.

10

………… 5월 May

찬대곰 생일

태어나 주어서 고맙습니다.

11

················· **5월 May**

원내대표가 되고

땀 흘릴 틈도 없는 찬대곰.

그래도 언제나 웃는 얼굴이네요.

12

.... 5월 May

어르신을 뵈면

엄마 생각이 나시는 듯합니다.

촉촉 눈빛과 포근 미소가 번지네요.

13
············ **5월 May**

국회의원 사용법

14
.... 5월 May

배추전

애정하는 대표님을 위해 준비했습니다.

· 도자기 핸드페인팅

15

.... 5월 May

좋은 스승은 인생의 지팡이가 됩니다

선인의 말씀과 행동 또한 인생의 나침반이 되고요.

16
.... 5월 May

아이 같은 재명이

17
·············· 5월 May

젊은 날의 재명이
반골 기질이 장난 아닌 비쥬얼이네요.

19

·················· 5월 May

가족

20

.... 5월 May

"너 땜에 힘낸다"

민주 시민으로 살아내기… 참 힘이 듭니다.

21
.... **5월 May**

부부의 날

사랑은 언제나 오래 참고… 또 참고… 또또 참고….^^

22
·················· 5월 May

토닥토닥

잘해왔고,

잘하고 있고,

잘 해낼 겁니다.

23
················· **5월 May**

냉철한 레고 머리

활기찬 곱슬머리

당신의 선택은?

24
·············· **5월 May**

"참는 자에게 복이 있나니…"

25
.... **5월 May**

특검을 거부하는 자

그가 범인이다.

26
.... 5월 May

재명이도

이런 다양한 표정 지을 수 있다고요.

27
.... 5월 May

우주 항공의 날

우주로 쭉쭉 뻗어나가려면
우주에 관심 많은 지도자가 필요합니다.
그건 바로 누구?

- **22대**

28
5월 May

민주당 22대 국회의원들과 함께

대동 세상으로 갑시다.

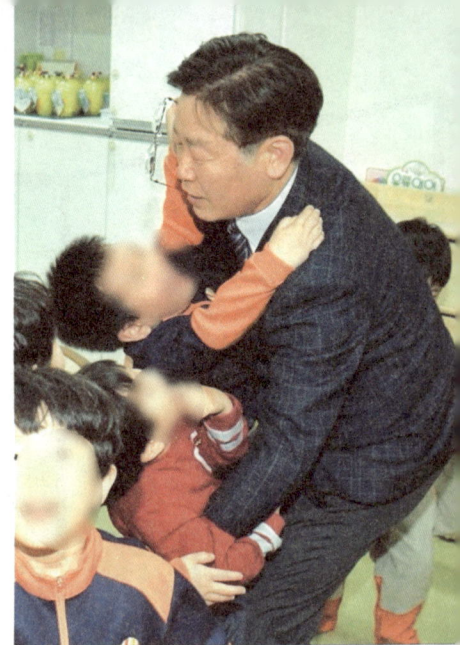

29
5월 May ··················

손주 보실 때가 되었나…?

30
.... 5월 May

22대 새 학기의 시작일입니다

응원합니다.

31

5월 May ·················

22대 새로운 슬로건

다시 뛰는 대한민국

6월
Jun

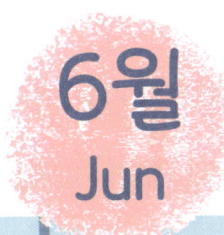

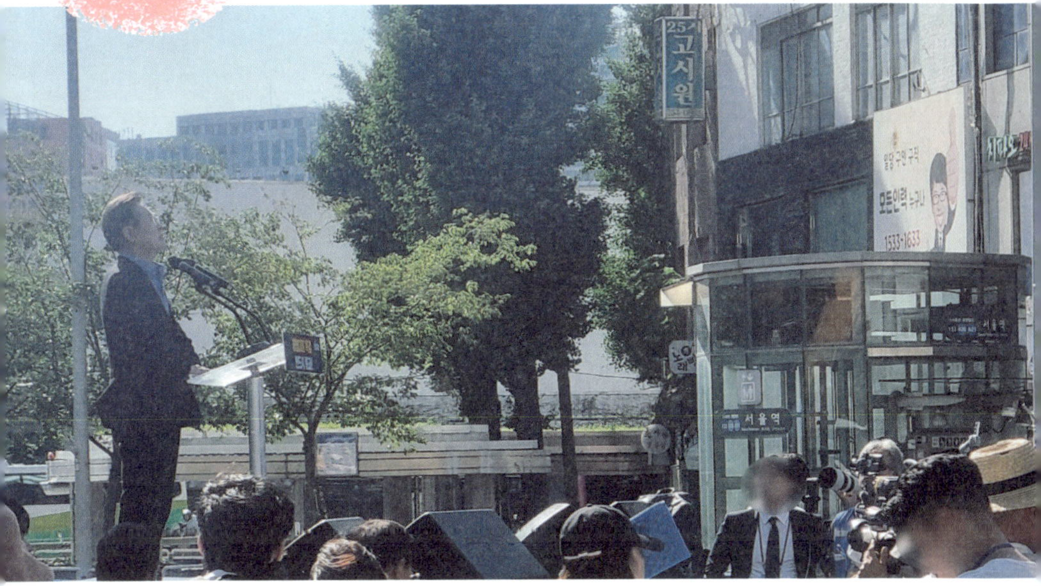

01

6월 Jun

기분 좋은 바람

반짝거리는 잎사귀들 사이에서 우린… 투쟁!

02 평범한 일상을 그리워하며…

6월 Jun

03
·················· **6월 Jun**

채해병의 억울한 죽음을

환히 밝혀 주십시오.

04

.... 6월 Jun

연결과 연대

우리는 운명 공동체

05

6월 Jun ·················

아무 걱정 없이

늘어지게 한잠 자고 싶어요.

06
.... **6월 Jun**

미래를 살려낸 과거를

만나러 갑니다.

07

····················· 6월 Jun

독립운동가 이상룡 후손

박찬대

08

.... **6월 Jun**

"내가 무얼 할 수 있을까?"

"내 옆에 꼭 붙어 있어."

09
········· **6월 Jun**

권력의 개들은

지그시 눌러 주세요.

10
....
6월 Jun

국회가 국회법을 지킨 날입니다
지지부진했던 11개의 상임위원장을 선출하였습니다.

11
·············· 6월 Jun

우리는 동지

12

6월 Jun

13

6월 Jun ·················

주인에 대한 예의

인사 자세의 바른 예입니다.

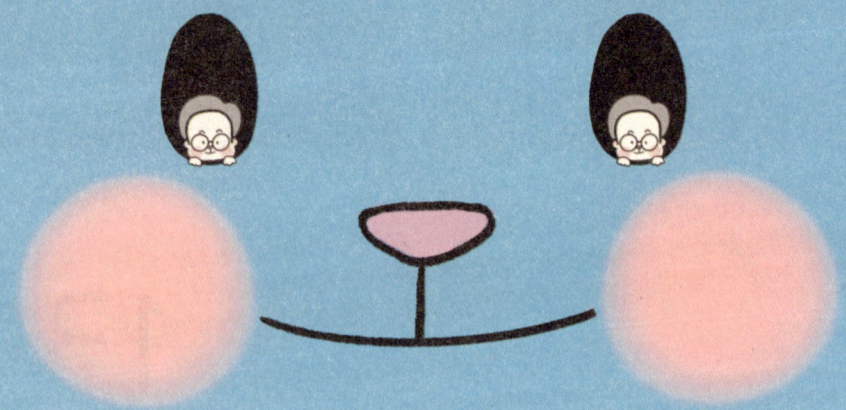

14

.... 6월 Jun

내 안의 재명

16
6월 Jun ················

소원을 말해 보세요

1. 당원 가입
2. 당원 가입
3. 당원 가입

· 도자기 핸드페인팅

17
·········· 6월 Jun

슬기로운 민주 시민의 생활이란?

18

·················· 6월 Jun

나의 소중한 재명

19

6월 Jun

재명찬대를 찾아라

20

················· 6월 Jun

이재명은

사법 피해자입니다.

21

···················· 6월 Jun

동지 여러분

손가락 하나로 새로운 세상을 만들어 봅시다.

22
.... 6월 Jun

재판받으러 가는 재명이를

많은 동지들이 응원하러 왔어요.

23

6월 Jun ....

가끔 그늘에 앉아

시원한 아이스크림 먹는 거.

그게 바로 행복이죠.

24

··············· 6월 Jun

이런 날도 오겠죠?

25
6월 Jun

죄송합니다

그리고 감사합니다.

26
6월 Jun ················

방망이 부러지지 않게

살~살~

27

6월 Jun ....

부끄러움과 아픔은

왜 민초들의 몫입니까?

28
················· 6월 Jun

찬대곰이 그린

찬대곰~

29
.... 6월 Jun

두 분,

잘 견뎌내 주셔서 감사합니다.

30
·················· 6월 Jun

잘 살아내고 있는 우리

브라보~!

01

·················· 7월 Jal

시간이 많이 흘렀습니다

바다는 우리는…
어떻게 되어가고 있는 걸까요?

02

·················· **7월 Jal**

퇴근 후

시원한 맥주 한잔이 있는

여유로운 저녁이 그립습니다.

03

7월 Jal ·················

대　　　세　　　상

동

04
.... 7월 Jal

우리들의
달달한 수다

05
7월 Jal ··················

봉오동의 영웅

최운산 장군의 순국일입니다.

잠시 묵념합시다.

06
.... 7월 Jal

민주의 바다에서…

07
7월 Jal ....

오염수 투기 반대 비상 행동

08

.... 7월 Jal

파꽃의 꽃말

희망, 새로운 시작.

09

7월 Jal ··················

검은 정장 안에

피 끓는 민주 양말!

슈웅~

10

7월 Jal

채상병 특검법 거부

강력히 규탄합니다.

11

7월 Jal

소라 빵이 주렁주렁

곱슬머리인 찬대곰의 앞머리는 소라 빵을 닮았지요.

12
.... 7월 Jal

재명아,

눈썹 어디서 했어요?

13

7월 Jal

날이 추워도

날이 좋아도, 날이 더워도
우리는 투쟁, 투쟁, 투쟁!

14

.... **7월 Jal**

우리의 아들, 채상병의 죽음에 대해

명명백백하게 밝혀 주십시오.

15

7월 Jal

우리는 한배를 탄

동지입니다.

16

············· 7월 Jal

앱이 그려 준 재명이

Star, King, Superhero!
앱도 알아보네요.

17

.... **7월 Jal**

무궁화

- 영원히 피어나는 꽃

18
.... 7월 Jal

힐링 타임

19

7월 Jal ....

채상병의 추모일입니다

이 사건은 언제 밝혀질까요?

20
....
7월 Jal

용기 낼 수 있게

내 손잡아줘!

21
.... 7월 Jal

힘들 땐,

우리에게 기대요.

22

.... 7월 Jal

23
7월 Jal ················

수해 피해 현장

모두 쓰러져 있는 농작물들을 보는
찬대곰의 마음은 쓰라립니다.

24
.... 7월 Jal

능소화

업실여길 능, 하늘 소.

하늘을 업신여기는 꽃이란 뜻입니다.

능소화가 피는 7~9월은 갖은 시련이 있는 달입니다.

뜨거운 볕, 태풍 ,폭우, 가뭄….

그럼에도 피어나는 꽃, 하늘을 업신여기는 꽃.

능소화처럼 우리도 힘차게 갑시다.

25
.... 7월 Jal

늘 기다리기만

이재명

난…
문자 오기를 기다리고,
답장 오기를 기다리고,
다시 만날 날을 기다리고,
너를 다시 볼 날을 기다리고,
너의 목소리들을 날을 기다리고,
너의 웃음을 기다리고,
너의 한마디를 기다리고,
너의 생각을 기다리고…
바보같이 기다리기만 하는구나.

26
.... **7월 Jal**

기도합니다

따뜻한 마음과 향기로운 행동이 내 안에 머물기를.

· 도자기 핸드페인팅

장어열사 기념비

특활비 의혹, 양평의혹, 핵폐수방류,
참사대책, 언론탄압, 총선개입,
안보위협, 대선허위사실공표,
노조탄압, 별장……
'입이 있으면 물으라'는
장어열사의 가르침을 잊지 맙시다.

입이 있으면 물어봐.
질문의 장어

27

7월 Jal

28
.... 7월 Jal

도라지의 꽃말은

변치 않는 사랑입니다.

국민을 향한 두 분의 사랑과 꼭 닮았습니다.

29

.... 7월 Jal

사도광산 유네스코에 등재

아픈 역사도 우리의 것입니다.

역사를 빼앗기지 말아요.

30
.... 7월 Jal

이 손 꼭 잡아

 이재명
2006. 7. 30. 9:39

이 손 놓지 말고 내 얘기 잘 들어

네가 변하지 않는 이상 나도 절대로 변하지 않아

만약 네가 변한다 해도

난 지금처럼 너를 놓치지 않으려 애쓸 거야

그러니까 불안해하지 말고 이 손 꼭 잡아

31

7월 Jal

몸은 법정에 가둘지라도

마음은 가둘 수 없습니다.

8월 Aug

01

동지바 찬대바

더울 땐 쮸쮸바가 최고죠.
동지바, 찬대바 골라 골라요.

03

8월 Aug

언론은

권력의 입이 되어선 안 됩니다.

04

················· **8월 Aug**

보슬보슬 귀여운 손에서

불끈 쥔 강한 의지가 보입니다.

05

················ 8월 Aug

백일홍

한번 피고 지는 것이 아닌 여러 날 번갈아 피고 져서
오랫동안 피어 있는 것처럼 보여 백일홍이라 부릅니다.
네가 힘들 땐 내가, 내가 힘들 땐 네가.
바로 우리들의 모습이네요.

06

8월 Aug ·················

Over the rainbow

07
.... **8월 Aug**

계속되는 괴롭힘 속에 힘이 빠져도

국민들 힘들까 봐 씩씩하게 재판에 가는 재명이. 힘내요.

08

.... 8월 Aug

세계 고양이의 날

냐옹~~

09

8월 Aug ·················

여전히 남아 있는

일본의 잔재들.

이번에야말로 깨끗하게 치료합시다.

10

·············· **8월 Aug**

전당대회로

뜨거운 8월

11

.... 8월 Aug

승리는 재명이의 것

12

.... **8월 Aug**

밥힘?

No~!

동지들의 힘!

13

.... **8월 Aug**

졸졸졸 물소리

짹짹짹 새소리,

배추전과 막걸리.

이게 참 어려운 것이네요.

:도자기 핸드페인팅

14

8월 Aug ....

기림의 날

역사는 기억하지 않으면 사라지고 맙니다.

15

.... 8월 Aug

다시 외쳐 봅니다

"대한 독립 만세"

16

.... 8월 Aug

호시탐탐

독도를 노리고 있지만,

우리가 지켜내면 돼요.

17

.... 8월 Aug

핵 오염수는

어디까지 왔을까요?

우리 안방까지 와 있을까요?

언제 일어나실 거예요?

18

••••••••••••••••• 8월 Aug

당대표는…

두구두구두구두구

3번 이재명 후보가 당선되었습니다.

19
.... **8월 Aug**

대한민국이 지켜주고 있는

두 아재

20

8월 Aug

국회 캠핑

21
.... **8월 Aug**

재명찬대가 만드는

인천의 교통 파란이 기대됩니다.

22

.... 8월 Aug

휴가가 뭐예요?

올해는 휴가란 걸 가 볼까요?

23

8월 Aug ....

나의 심장

24
.... 8월 Aug

민주당

슛~! 골인~!

25

8월 Aug

"후쿠시마 원전 오염수 투기를 철회하라!"

민주당은 끊임없이 노력합니다.

26
8월 Aug ....

부부

내가 너의 언덕이 되어주고

너는 나의 꽃이 되고….

27
.... 8월 Aug

발로 뛰는 당대표가

입장하셨습니다.

28
8월 Aug ·············

동지
- 같은 곳을 바라보다

"쇼파없음 침낭이라도 좋응께."

"끈이릉거 말고 쇼파 그릉거~"

"옆꾸리가 겁나 아픙께~"

29
········· **8월 Aug**

전남 발전에 진심인

찬대곰의 마음입니다.

30
.... 8월 Aug

당대표 대행, 원내대표역할까지…

상 받을 만해요.

31

········· **8월 Aug**

신친일파 척결!

뉴라이트 거부!

9월 Sep ········· **01**

어느 날,

어떤 만남

02

9월 Sep ··················

대표님 단식 때

선물 드린 마패 도자기입니다.

힘 되셨길 바라요.

03
9월 Sep

언론에 나오지 않으니 잘 모르셨죠?

오염수 투기에 민주당이 얼마나 저항을 했는지….

04

9월 Sep

이재명을 위한 가톨릭 사제단의 기도문

이참에 소년공이었던 한 사람에게 당신의 축복을 바랍니다.

그이가 흠이 없기 때문이 아닙니다.

고단한 생애만큼 상처 많은 사람입니다.

번듯한 학연, 지연, 정치적 인맥도 없이 늘 변방에서

외롭게 싸워왔던 그런 사람입니다.

차별과 배제로 밀려난 이들처럼

그렇게 고독한 사랑을 실천했던 사람입니다.

우리 사회에서 공정과 정의가 자랄 기회를 열어주소서.

우리가 그이 곁에 동행하며, 그이가 나라를 걱정하듯이

우리가 그이를 염려하고 용기를 주고

함께 걸어갈 수 있도록 주님, 당신이 도우소서.

당신께 자비가 있고, 당신께 정의가 있나이다.

아멘.

05

9월 Sep

단식 중에도

국민과의 소통을 놓지 않습니다.

06

.... **9월 Sep**

꽃은 지더라도

우리는 지지 말아요.

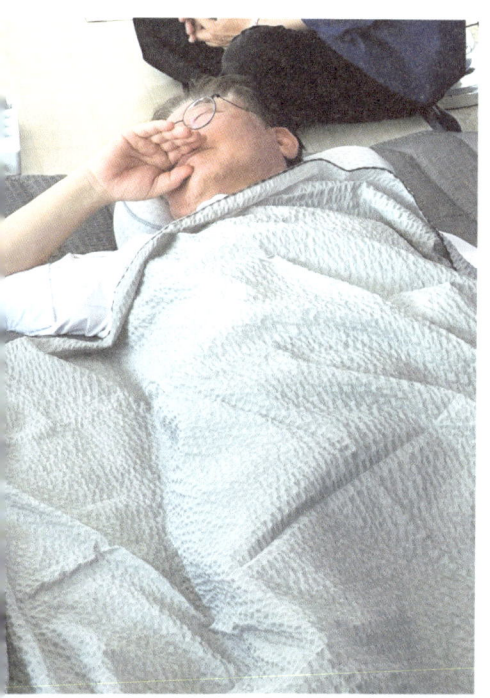

07

9월 Sep ·················

단식 8일째

08

.... 9월 Sep

바보 노무현

09
9월 Sep ....

찬대곰 어딨어요?

10

9월 Sep

단식 11일째

11

9월 Sep ·················

단식 12일째

동지들이 오면 인사하러 나오십시오.

12

.... **9월 Sep**

단식 13일째

그의 단식은 24일간 이어졌습니다.

13

.... **9월 Sep**

모두 일어나 힘차게!

아자아자아자!

14

9월 Sep

달이 유난히 번쩍거리는 이유가

다 있답니다.

15

.... 9월 Sep

단식 16일째

민주당 내부 세력도 공격해 옵니다.
찬대곰이 열심히 막고 있지만….
더 많은 동지가 필요해요.

16

9월 Sep

단식 17일째

신이 계신다면 도와주소서.

17

9월 Sep

때론 모질었지만

사실은 아들과 화해하고 싶었던 아버지의 모습처럼,
묵묵히 키워 놓으신 것 같은 잔디가 피어났더군요.
엎드려 절할 때 머리와 등을 스치던 바람에선 늘 '괜찮다'고
등을 쓰다듬어 주셨던 어머님의 손길이 떠올랐습니다.

-이재명 페북에서

18
9월 Sep ·················

단식 19일째

처음 등원하던 재명이 모습이 까마득한 오래전 일 같습니다.
불과 1년 만에 재명이는 노인이 되어 구급차를 타고 국회를 나왔습니다.
미안합니다.
당신을 너무 힘들게 했나 봐요.
일어나세요. 같이 싸우겠습니다.

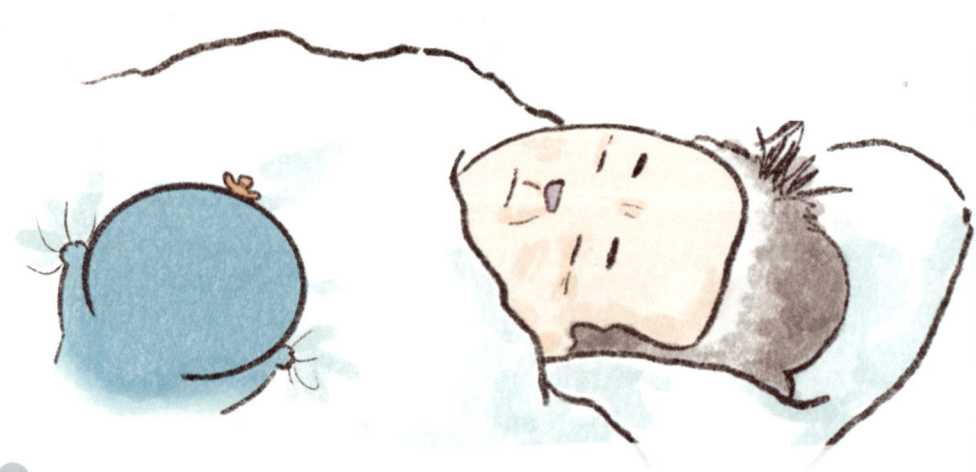

19

········· 9월 Sep

단식 20일째

재명아, 내 손잡아! 어서!

21
.... 9월 Sep

단식 22일째

당신은 우리의 빛, 우리의 보배

22

9월 Sep

23

.... 9월 Sep

단식 24일째

병원으로 호송

24

9월 Sep

까면 깔수록

비리가 언제까지 나오는 거늬?

25
....
9월 Sep
농자천하지대본입니다

26
········· 9월 Sep

재명이를 웃게 해주는

찬대곰

27

·············· **9월 Sep**

구치소 앞에서…

그 밤을 잊지 못합니다.
모두 비를 맞으며 울고 웃었죠.

28
.... 9월 Sep

원내대표가 되고 나서

머리를 짧게 자른 찬대곰.

가끔 예전 소라빵 머리가 그립기도 해서 빵 한번 구워 봤습니다.

도자기 핸드페인팅

29

···················· **9월 Sep**

여유로운 하루를

기원합니다.

30

9월 Sep

흰수염고래처럼

다시 힘차게!

01
.... 10월 Oct

가을 秋

02

········· **10월 Oct**

혼자서는 불가능한 일일지라도

연대하면 불가능은 없습니다.

03

10월 Oct ·················

하늘이 열리는 날

04

.... 10월 Oct

숨이

턱까지 차올랐을 때 바람이 분다.

05
.... 10월 Oct

고향 잘 다녀오세요

06

10월 Oct ·············

이재명이

얼마나 두려우면
이렇게 괴롭히는 것입니까?

07
10월 Oct

지구 끝까지
끝장 국감

08

10월 Oct

모두에게

공평한 보름달

09

10월 Oct

단식 후 회복 중에도

선거운동을 도우러 나오셨어요.

정 많으셨지요?

사랑해요.
대표님.

정치는
정치인이 하는 것 같아도
국민이 하는 것입니다.

10

·················· 10월 Oct

한 마음,

같은 방향

11

.... 10월 Oct

험난한 길을

함께 할 수 있어 영광입니다.

12
.... 10월 Oct

힘을 내요. 찬대곰!

블루 파워~~!!!

13

10월 Oct ··················

아무리 두껍게 덮어 놓아도

모래알만한 빛만 있으면 피어나는 민들레.

우리도 그렇게 민들레처럼.

14

.... 10월 Oct

빗방울이 만든 쉼

Rain drop

15

.... 10월 Oct

재명이가 좋아하는 배추전

배추전 양탄자도 타고, 배추전 망토도 매고
배 터지게 먹어 봅시다.

16
.... 10월 Oct

살다 보면

어처구니없는 일들을 겪기도 합니다.

17
10월 Oct ····················

당신을 응원합니다

18
·················· 10월 Oct

우린 해낼 거예요

19

10월 Oct

우리의 정의로

우리의 결단으로!
우리의 노력으로!
우리의 힘으로!

20
.... 10월 Oct

잎은 떨어져도

또 새순이 돋아나겠지요?

22
.... 10월 Oct

우리는 파란 동지들

23
10월 Oct

**나는 자랑스러운 태극기 앞에
충성을 다할 것을 굳게 다짐합니다.**

24

10월 Oct

25
10월 Oct

독도의 날

독도는 누구 것?
우리 대한민국 것!
그럼 누가 지키지?
우리 대한민국이!

26

.... 10월 Oct

나라의 안보를 무기로

전쟁의 아픔을 기억하는 분들을 자극하는 것은 진정한 보수가 아닙니다.
전쟁광일 뿐입니다.

27
·········· 10월 Oct

피곤한 날엔 나에게 기대

내 어깨 빌려줄게.

28
.... 10월 Oct

24일간의 단식, 테러…

이 모든 걸 이겨낸 작은 주먹

29
10월 Oct

이날 집회를 마치고 돌아오는 길에 넘어져 무릎을 크게 다쳤습니다.

피곤함에 일찍 잠들기 전,

뉴스에 슬쩍 보이는 건 이태원에 가득 모인 젊은이들이었죠.

사람이 많이 모였다는 기사인 줄 알고 뉴스를 껐습니다.

다친 무릎이 욱신대서 짧게 혀를 차고 잠들었지요.

그다음 날 전 무릎 꿇고 사과의 기도를 올렸습니다.

어젯밤 혀를 찼던 것이 어찌나 미안하던지….

기억하겠습니다. 꼭 기억하겠습니다.

30
.... 10월 Oct

눈물바다에 빠지지 않으려면

우리는 힘을 모아야 해.

31
·············· 10월 Oct

집회에 참여하신 할머니 한 분,

굽은 허리를 천천히 펴시며
앙상한 주먹을 애끓게 꼭 쥐시며
당당히 외치시던 모습이
내내 잊혀지지 않네요.

11월 Nov

01

11월 Nov ··················

두 분 사랑합니다

02
.... 11월 Nov

왠지 부부 같은 재명이와 찬대곰

찬대곰이 재명이를 살뜰하게 잘 챙겨 줍니다.

03
··················· 11월 Nov

바람이 좋아서

바람이 좋지 않아서

바람이 적당해서….

04
.... 11월 Nov

우린 두려울 것 없어요

서로가 있으니까!

05
11월 Nov

누가누가 잘하나 경쟁!
열심히 하기 경쟁, 아이디어 내기 경쟁.
경쟁의 이유는 무엇인가요? 그 이유는 국민이죠.

06
············· 11월 Nov

따뜻한 붕어빵

어디부터 먹나요?

07

.... 11월 Nov

마음이 아플 때

먹는 약이 있었으면 좋겠어.

08
·········· 11월 Nov

대표님 말씀 잘 듣자고~

09

.... 11월 Nov

있는 힘껏 믿어요

10

.... 11월 Nov

몇 살 차이 안 나는데

단식 후 너무 늙어버린 재명이와 유난히 동안인 찬대곰.

겉모습이야 어떻든 찐한 동지.

11
.... 11월 Nov

12

11월 Nov ·················

빛의 기적

하나가 된 빛

13
.... 11월 Nov

빛의 강
도도히 흐르는 민주주의의 강

14
.... 11월 Nov

얘들아~

따순밥 먹고 힘내자.

15

.... 11월 Nov

대표님!

맛나게 드셔요.

16

.... 11월 Nov

우리의 바람이

하나 되어 흐르고….

17

11월 Nov ········

E & I

18
.... 11월 Nov

이렇게 웃어요

파란 하늘처럼 웃어요.

19
11월 Nov

아이를 좋아하는 재명이
재명이를 좋아하는 아이들

20

.... 11월 Nov

겨울 집회룩의 올바른 예

21
.... 11월 Nov

이재명
4시간 전

대한민국의 주인은 국민입니다.
권력의 요체는 국민 자체입니다.
국민의 공복인 정치인은 언제나 겸허하게 국민을
두려워하고 섬겨야 합니다.

공복이 주인을 어떻게 섬기는지는 그의 언행과 태도에서
알 수 있습니다.
말과 행동을 함부로 하면서 어찌 주인을 존중한다 할 수
있겠습니까?

태도가 본질입니다.
국민을 두려워하지 않으면 국민이 용납하지 않으실
것입니다.
정치인에게 말 한 마디는 천근의 무게를 지녔습니다.
말과 행동 하나하나에 늘 진중하고 세심해야 합니다.

언행은 언제나 국민의 입장에서, 국민의 눈높이에
맞춰져야 하고 또 그렇게 평가됩니다.

국민의 공복으로서 부적절한 언행에 대해서는 관용 없이
엄정하게 대처하겠다는 말씀을 드립니다.

22
.... 11월 Nov

sns에서 유명한

사진 두 장을 붙여 그려보았습니다.

역시… 그림이 사진을 못 따라가네요.

23

·················· 11월 Nov

강행군 총선인데도

싱글벙글 웃음이!

24

.... 11월 Nov

언제나

앞장서 주셔서 감사합니다.

25
.... 11월 Nov

굽은 팔로

댐의 구멍을 막고 있는 나의 소중한 대표님!

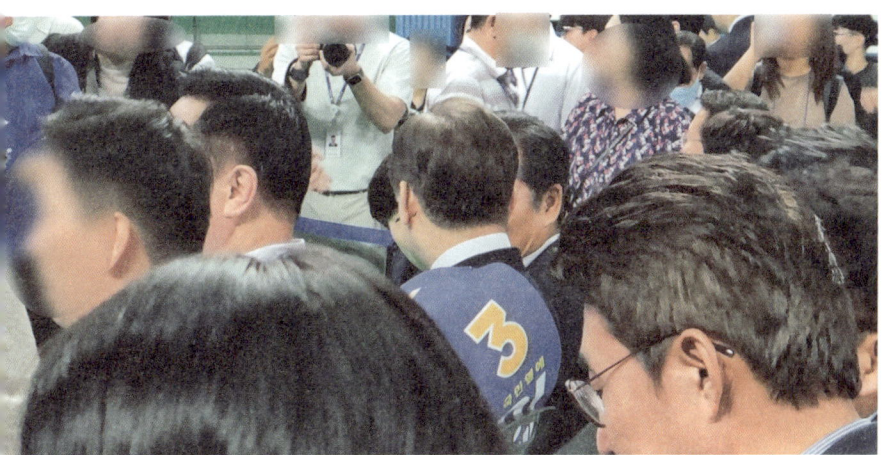

26
.... 11월 Nov

재명이 머리는 초코볼 머~리

27

.... 11월 Nov

온기를 나누는

봉사활동 감사합니다.

28
11월 Nov

어르신들 찾아뵙고

재롱둥이가 된 재명

29
.... 11월 Nov

서로의 온기로

따뜻한 겨울을 만들어 가요.

30
.... 11월 Nov

언제나 길 위에서

추위 속에서
우리 함께.

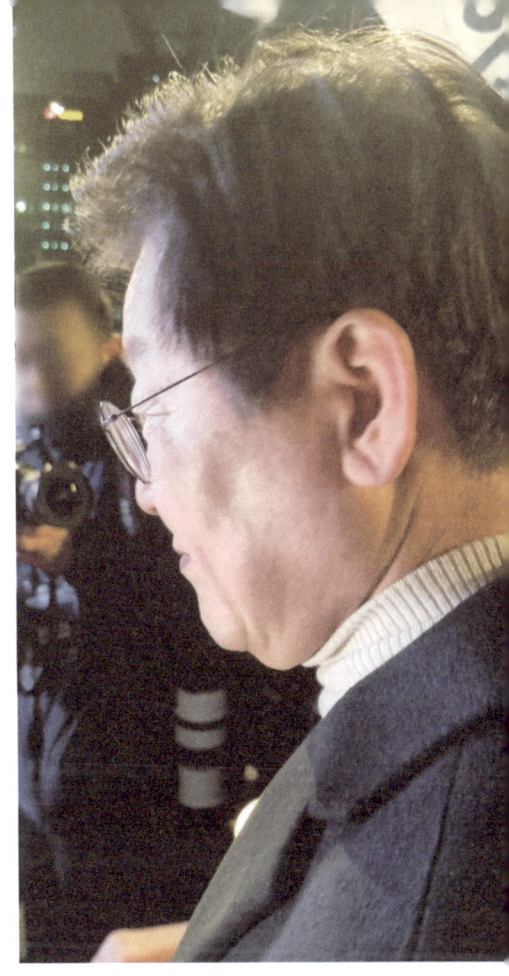

01

12월 Dec

범 내려온다

02

....
12월 Dec

당대표

100일 반지

2022.12.05 .J.H

03

12월 Dec

막차를 타고

국회로 향했습니다.

도착한 국회에선 헬기가 머리 위로 날고 있었습니다.

04

12월 Dec ·················

계엄이 해제되어도

또 무슨 일이 일어날까 하는 걱정에

국회 앞을 떠날 수 없었습니다.

05
.... 12월 Dec

위험을 무릅쓰고

밤새 국회 앞을 지키는 동지들을 격려하기 위해
거리로 나온 민주당 의원들.

06

.... 12월 Dec

가끔 떠올려 봅니다

담장을 넘어 국회로 달려가는 그들의 마음은 어땠을까.
심장 소리는 얼마나 컸을까.

07

.... 12월 Dec,

추운 밤 국회를 지키는 동지들과

동지들을 위로하는 찬대곰.

08
.... **12월 Dec**

우리가

대한민국입니다.

09
··················· 12월 Dec

더 나은 내일을 위해!

10
.... 12월 Dec

나라 지키려면 체력은 필수!

비타민 충전하세요.

11

·················· **12월 Dec**

삶은…

계란과 사이다

12

.... 12월 Dec

국회의원은

'국 회의원'이라고 찬대곰이 말한 적이 있지요.
회의를 너무 많이 해서 '국 회의원'이라고요.
역시나 집회 중에도 또 회의.

13

················ 12월 Dec

두둔!!!

함께라면 출시!

14
.... 12월 Dec

국회의 탄핵안 가결

그간 동지들이 보여주었던 그 강렬한 힘은 잊지 못할 겁니다.

15

．．．．．．．．．．．．．．．．．．．． 12월 Dec

수많은 알 수 없는 길 속에
희미한 빛을 난 쫓아가
언제까지라도 함께 가는 거야
다시 만난 나의 세계

16
.... 12월 Dec

포근한 눈이 내립니다

춥지 않냐고요?

아니요. 우린 함께잖아요.

· 도자기 핸드페인팅

17
············· **12월 Dec**

좋은 날이 오면
이 지난한 겨울을 기념하며 눈싸움 대회 한번 해 보아요.

18

12월 Dec ··················

우리의 결기

우리의 힘을 보여주어야 할 때!

19

.... 12월 Dec

우리 모두 하나 되어

강강수월래

20

12월 Dec

왼쪽,

오른쪽,

앞쪽.

같은 곳을 바라보는 동지.

21
.... 12월 Dec

이즈음엔

팥죽이 참 맛있더라.

22

12월 Dec

당신은

사랑받기 위해 태어난 사람.

23
12월 Dec

"제가 하는 모든 일은
우리의 삶, 우리 서민들의 삶과
이재명의 참혹한 삶이 투영되어 있습니다.
앞으로도 여러분을 위해서 최선을 다하겠습니다."

- 상대원연설에서

24

.... 12월 Dec

띵동!

선물이 도착했습니다.

25
12월 Dec

재명, 찬대 트리

Merry Christmas

26
12월 Dec ·················

'무슨 일 난 거 아니야?'

잠 좀 푹 자게 해 주세요.

27

.... **12월 Dec**

아침 해가 떴습니다

탄핵하러 갑시다.

28

12월 Dec ················

우리가 웃고는 있지만

웃는 게 웃는 게 아니야.

29

.... 12월 Dec

고되고 긴 여행길에서

서로 곁에 있음이 얼마나 힘이 되는지 몰라요.

30
.... 12월 Dec

칭찬받아 마땅한 당신

수고 많으셨습니다.

31
.... 12월 Dec

열심히 살아낸 당신에게

큰 박수와 함성을 보냅니다.